JACQUES-FÉRÉOL MAZAS

ÉTUDES BRILLANTES

Violine / Violin

op. 36/II

Herausgegeben von / Edited by
Walther Davisson

EIGENTUM DES VERLEGERS · ALLE RECHTE VORBEHALTEN
ALL RIGHTS RESERVED

C. F. PETERS

FRANKFURT/M. · LEIPZIG · LONDON · NEW YORK

VORWORT

Unter den Studienwerken für Violine nehmen die „75 Études mélodiques et progressives", op. 36 von Mazas ⟨französischer Geiger und Komponist für sein Instrument, geb. 1782, gest. 1849⟩ eine hervorragende Stellung ein.

Besonders die in den ersten beiden Heften unter dem Titel „Études spéciales" und „Études brillantes" enthaltenen 57 Übungsstücke bilden neben den klassischen Etüden von Kreutzer und Rode ein ideales Studienmaterial für den Geiger. In musikalisch geistvoller und melodisch anregender Form werden die technischen Urelemente des Violinspiels behandelt, und neben der „Ausbildung der Fingerfertigkeit" erfährt hauptsächlich die „Technik des Bogens und der Kantilene" eingehendste Berücksichtigung. In tonlicher wie in technischer Hinsicht wird das Studium dieser Etüden von größtem Nutzen sein. Kraft und Schwung der Bogenführung werden entwickelt, Leichtigkeit und Eleganz des Vortrages gleichermaßen ausgebildet.

Die Neubezeichnung geschah im Sinne einer fortschrittlichen, von den Erfordernissen der musikalischen Logik bestimmten Violintechnik. An die Stelle herkömmlicher Bequemlichkeit tritt die Gleichberechtigung aller Lagen ⟨also auch der halben, zweiten und vierten und deren Verbindung untereinander⟩, da letzten Endes nur die musikalisch und klanglich beste Lösung den technischen Verlauf der Ausführung bestimmen darf.

PREFACE

Of the numerous works written for violin, the "75 Études mélodiques et progressives" op. 36 of Mazas ⟨French violinist and composer of violin music, 1782—1849⟩ undoubtedly occupy a position of eminent importance.

The 57 exercises, popularly known as "Études spéciales" and "Études brillantes" constitute together with the classical studies of Kreutzer and Rode ideal material for purposes of violin study. The fundamental and technical requirements of violin technique have been handled with distinct musical charm and sense of melodic shape. It should also be emphasized that in addition to the development of the left hand special importance has been laid on the technique of bowing and cantabile playing. The study of these pieces will be found to be of immense benefit in matters of tone and technique, power and impetus of bowing should develop pari passu with ease and grace of performance.

The new revision has been undertaken in a progressive spirit, based on the musical requirements under consideration and upon which all matters of violin technique must ultimately depend. In place of the generally accepted and so-called "comfortable" fingerings all positions have been given equal importance ⟨this applies also to the half, second and fourth positions and their mutual connection⟩, this has been deemed advisable as only the best solution from the point of view of tone and effect can determine the technical process.

PRÉFACE

Au nombre des études pour violon les «75 Études mélodiques et progressives» op. 36 de Mazas ⟨violoniste-compositeur français, 1782 à 1849⟩ occupent une place prépondérante.

Les pièces connues sous les noms «Études spéciales» et «Études brillantes» offrent à côté des études classiques de Kreutzer et de Rode des moyens incomparables pour l'enseignement du violon. Les éléments fondamentaux de l'art du violon sont traités avec musicalité et intelligence et sous une forme mélodique qui stimule l'élève. A côté du développement de la vélocité, l'auteur attache une importance toute particulière à la technique de l'archet et à la cantilène.

Ces études sont de la plus grande nécessité tant au point de vue mélodique que technique. Elles développent la force et l'élan du coup d'archet, aussi bien que la finesse et l'élégance de l'interprétation.

Cette dernière révision est basée sur les exigences de la logique musicale et de la technique moderne du violon.

A la place des facilités acceptées jusqu'à nos jours, l'éditeur emploie indifféremment toutes les positions ⟨donc aussi la demi-, la seconde et la quatrième positions et toutes les façons de les relier entre elles⟩. La solution musicale et sonore la meilleure doit seule déterminer toute exécution technique.

WALTHER DAVISSON

ZEICHENTABELLE
EXPLANATION OF THE SIGNS / EXPLICATION DES SIGNES

⊓	Abstrich	down bow	tirez
V	Aufstrich	up bow	poussez
Sp.	Spitze	at the point	à la pointe
M.	Mitte	middle	au milieu
Fr.	Frosch	at the nut	au talon
G. B.	ganzer Bogen	whole bow	tout l'archet
Bu.	unteres Bogendrittel ⟨Hälfte⟩	lower third ⟨half⟩ of the bow	tiers ⟨moitié⟩ inférieur⟨e⟩ de l'archet
Bo.	oberes Bogendrittel ⟨Hälfte⟩	upper third ⟨half⟩ of the bow	tiers ⟨moitié⟩ supérieur⟨e⟩ de l'archet
---	breit gestrichen	broad detached strokes	détaché large ⟨chanté⟩, l'archet à la corde
......	kurze, gehämmerte, auch Spring- oder Wurfbogenstriche	martelé or springing bow	martelé très court, léger ⟨sautillé⟩ ou jeté
I	auf der E-Saite	on the E string	sur la corde de mi
II	„ „ A- „	„ „ A „	„ „ „ „ la
III	„ „ D- „	„ „ D „	„ „ „ „ ré
IV	„ „ G- „	„ „ G „	„ „ „ „ sol
restez:	in der Lage bleiben	stay in position	rester à la même position
——	Finger liegen lassen	keep the finger down	ne pas lever le doigt
⊓	ab- oder zurückstrecken, auch als Lagenwechsel	extension to the next position	extension jusqu'à la position voisine

Bei doppelten Fingersatzangaben sind die Fingersätze ober- und unterhalb des Notensystems genau auseinanderzuhalten.

When two fingerings are given above and below the note, one should take care not to mix them.

Lorsqu'il y a deux indications de doigtés au-dessus et au-dessous de la note, celles-ci ne doivent pas être mélangées.

Études brillantes

Melodie

F. Mazas, Op. 36 Heft II
(1782-1849)
Neuausgabe von Walther Davisson

Legato-Spiel | Legato-Playing | Le legato

Bogen-Akzente | Bowing-Exercise | Exercice d'archet

Staccato

Melodie auf der G Saite | Melody on the G string | Mélodie sur la corde de sol

Andante sostenuto

35

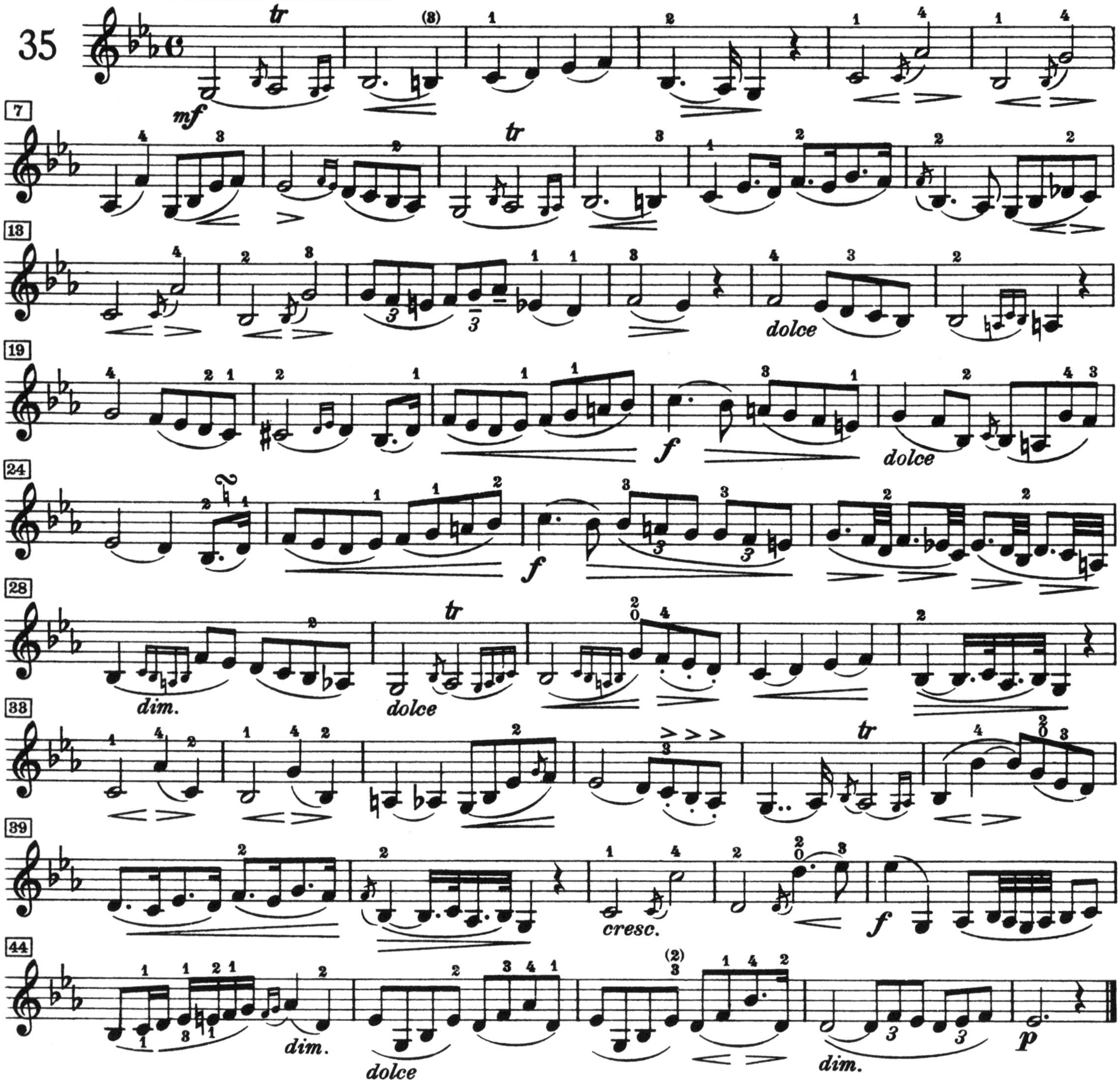

Marteléstrich | Martellato-(hammered) Playing | Le martelé

gehämmerter Strich an der oberen Bogenhälfte
firm stroke with the upper half of the bow
bien accentué à la partie supérieure de l'archet

Allegro moderato assai

36

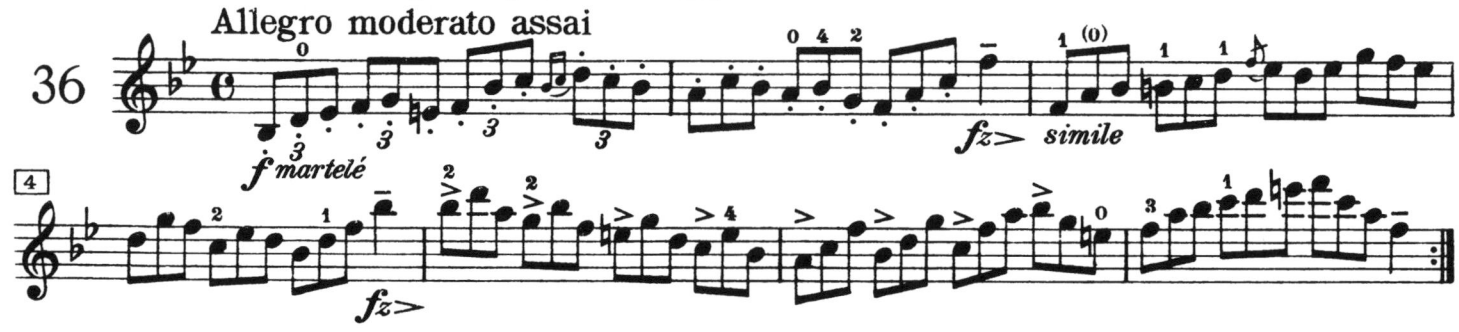

Bogen-Übung (Arpeggien) | Arpeggio-Playing | Exercice d'archet (Arpeggio)

Portamento bei Gesangsstellen | Portamento | Portamento dans la cantilène

Bogen-Übung auf 2 Saiten für die Geschmeidigkeit des Handgelenkes | Bowing-Exercise on two strings for acquiring suppleness of wrist | Exercice d'archet sur deux cordes pour la souplesse du poignet

Verzierungen in Gesangsstellen | Embellishments in Cantilenepassages | Des ornements dans la cantilène

Kurze Vorschläge | Employment of the Short Appoggiatura | Emploi de l'appoggiature brève

Bogen-Übung | Bowing-Exercise | Exercice d'archet

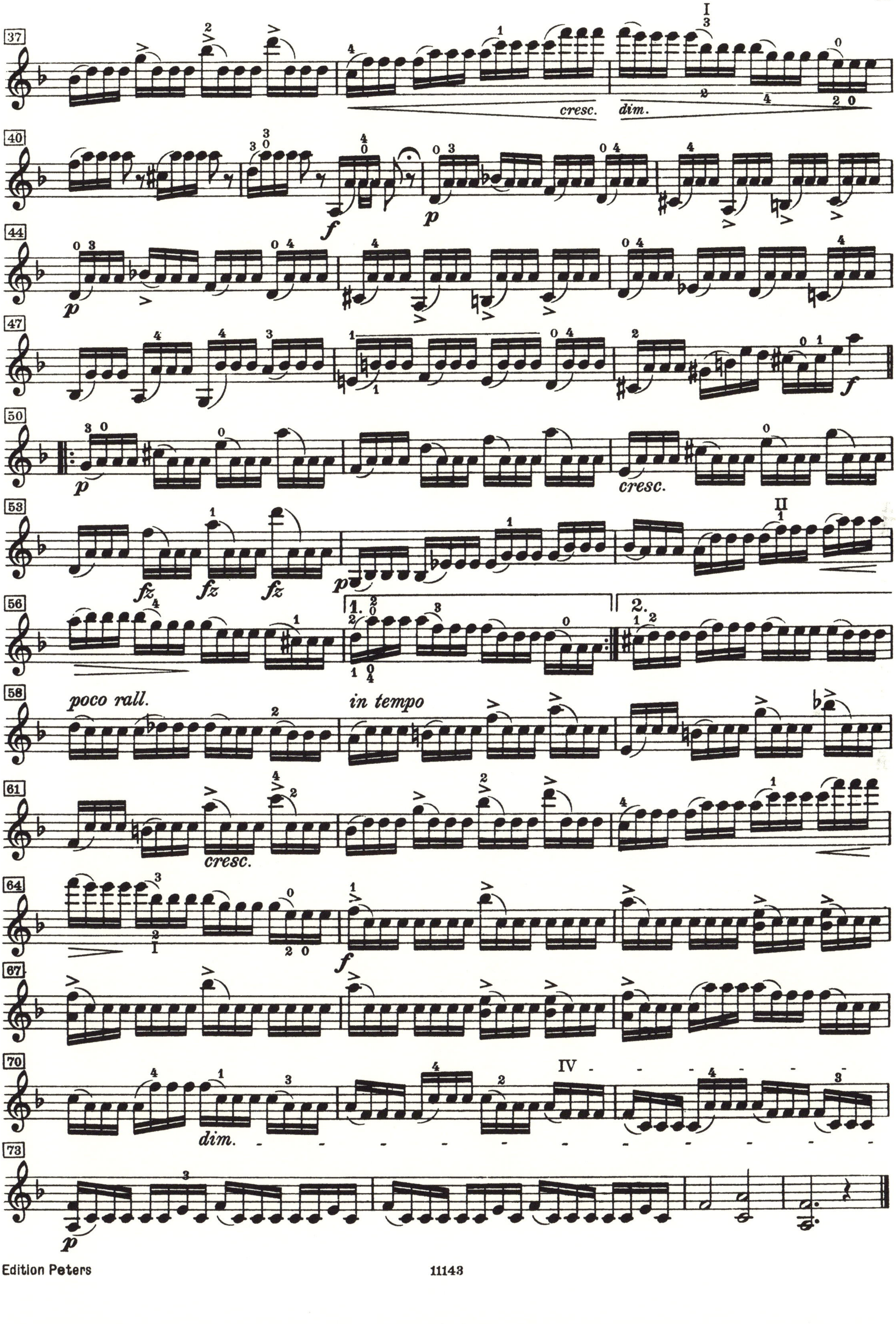
cresc.
dim.
cresc.
poco rall.
in tempo
cresc.
dim.

Bogen-Übung | Bowing-Exercise | Exercice d'archet

Verschiedene Stricharten | Various types of bowing | Différents coups d'archet

Springender Bogen | Springing bow | Sautillé

26   Leichtigkeit (Aufheben) des Bogens | Lifting the bow | Lever l'archet

46 Allegro moderato

leggiero

zwischen Mitte und Spitze leicht geworfen
between the middle and the tip, lightly, as if jerked
légèrement jeté entre la pointe et le milieu de l'archet

Edition Peters   11148

Staccato

Bogen-Übung Bowing-Exercise Exercice d'archet

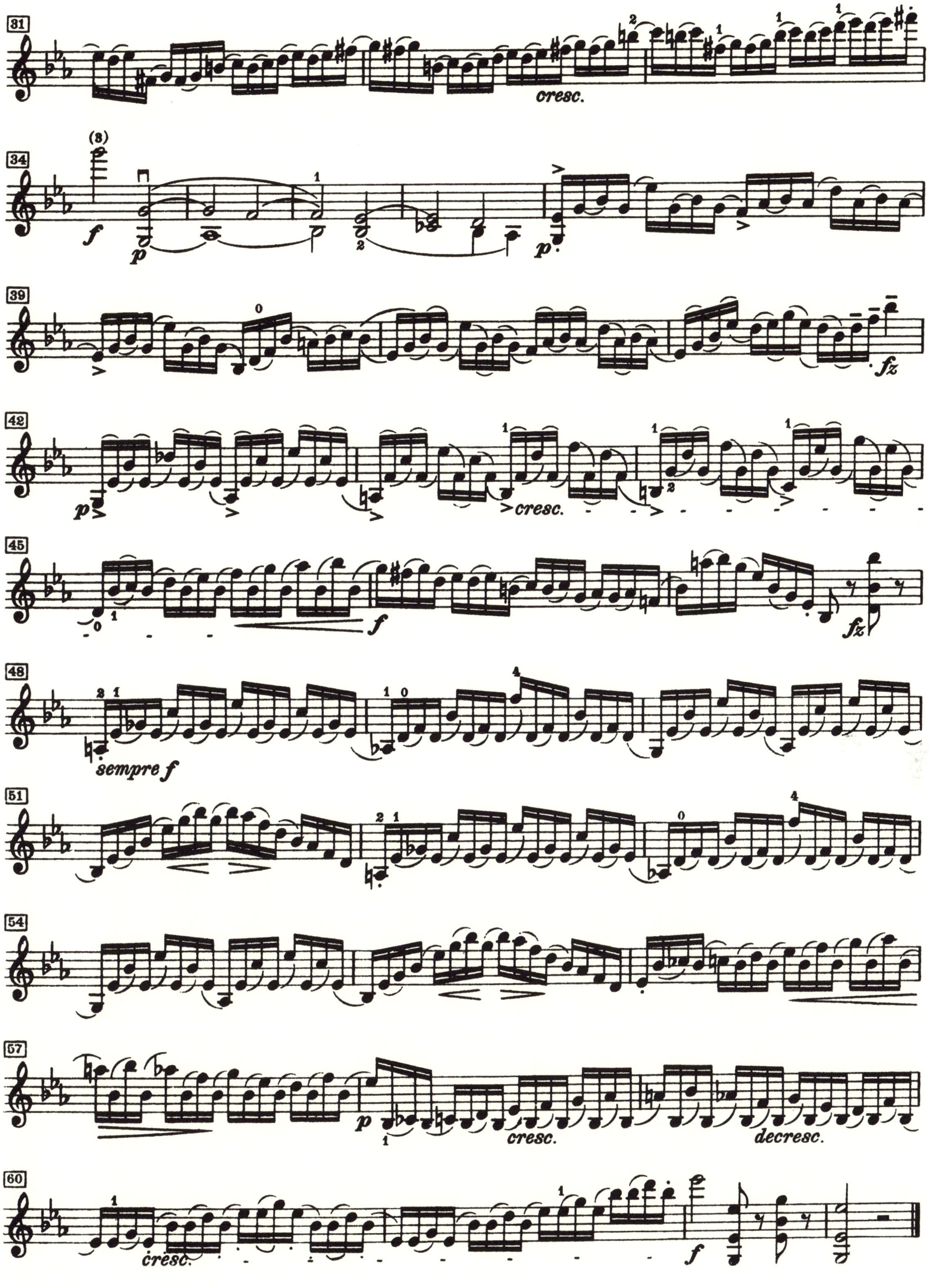
31
cresc.
34
(8)
f
p
p
39
fz
42
p
cresc.
45
f
fz
48
sempre f
51
54
57
p
cresc.
decresc.
60
cresc.
f

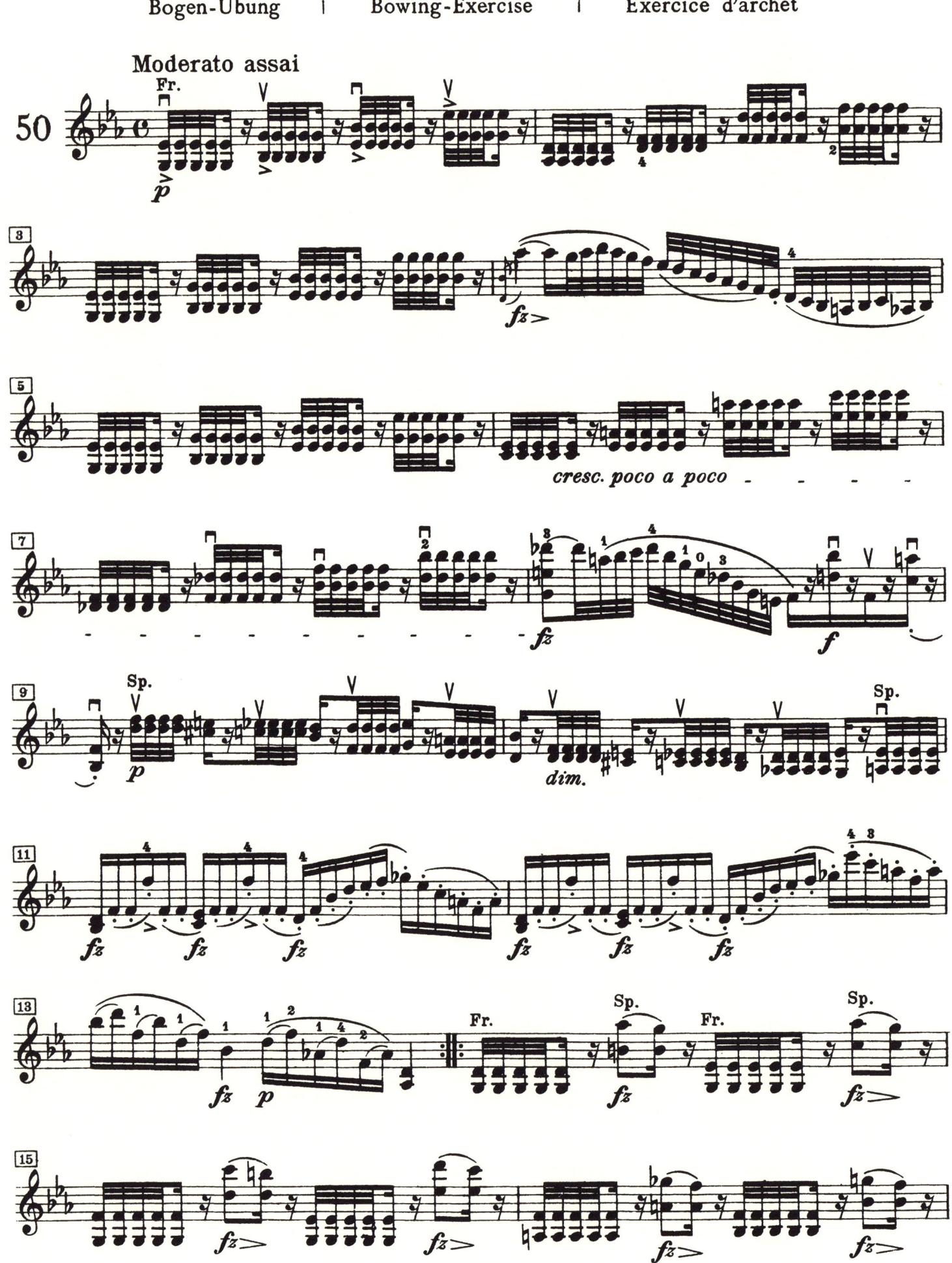

Bogen-Übung | Bowing-Exercise | Exercice d'archet

Leichtigkeit des Bogens | Light bowing | Légèreté de l'archet

mit der Spitze und mit sehr wenig Bogen
with the tip, using very little bow
à la pointe avec très peu d'archet

Bogen-Übung | Bowing-Exercise | Exercice d'archet

mit festem Strich / well accented at the point leaving the bar on the string / bien accentué, à la pointe

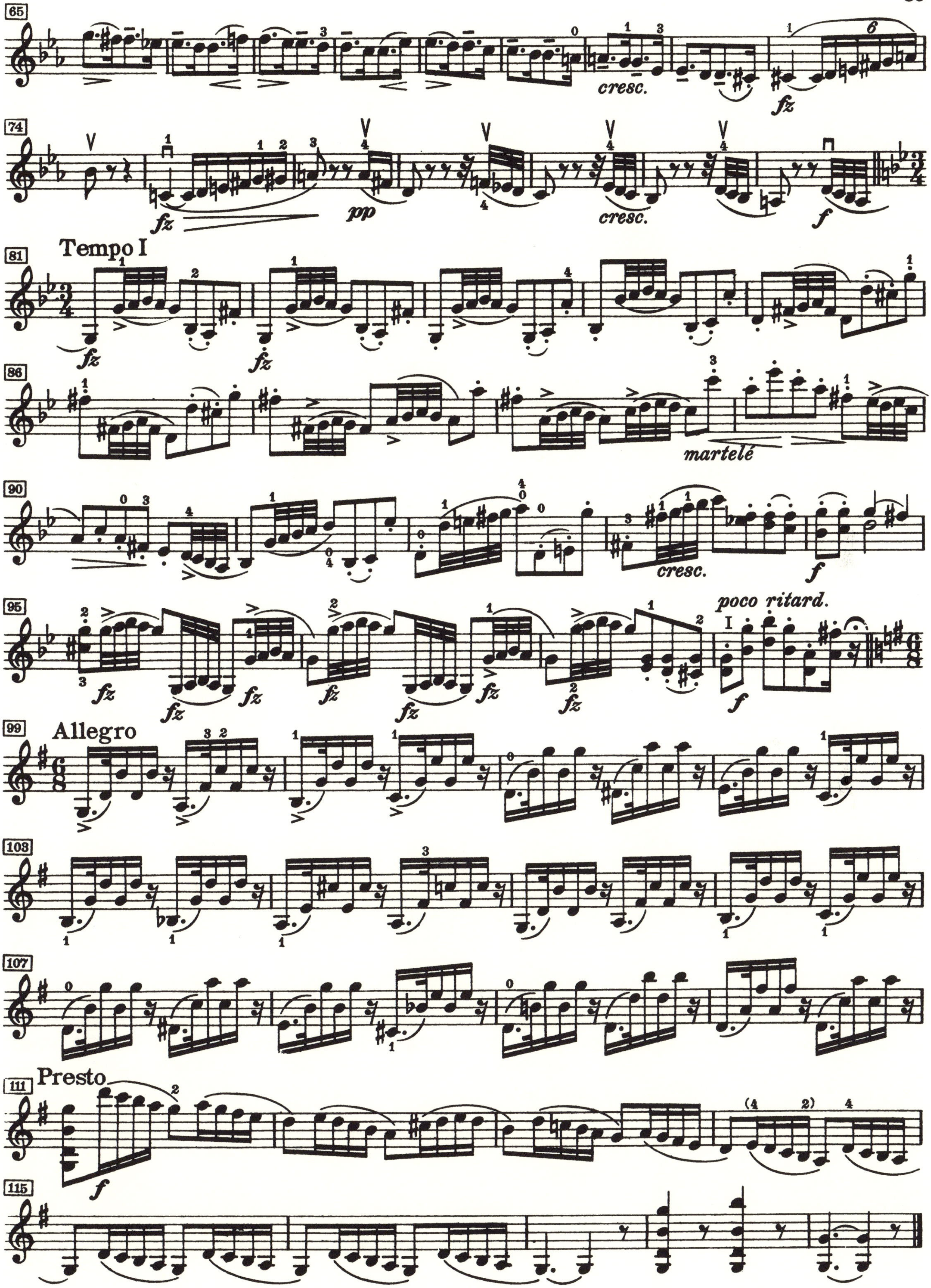
65
cresc.
fz
74
fz
pp
cresc.
f
81
Tempo I
fz
fz
86
martelé
90
cresc.
f
95
poco ritard.
fz
fz
fz
fz
fz
fz
fz
f
99
Allegro
103
107
111
Presto
f
115

Geläufigkeits-Übung | Finger-Exercise | Exercice de vélocité

Triller-Übung | Exercise for trills | Exercice de trille

46

Übung für das Pizzicato
mit der linken Hand
(durch das Zeichen + angedeutet)
und für Flageolet-Töne

Exercise for left hand
pizzicato (+) and harmonics

Etude du Pizzicato
de la main gauche (+) et des
sons harmoniques

VIOLINKONZERTE
VIOLIN CONCERTOS
Ausgaben für Violine und Klavier / Editions for Violin and Piano

J. S. BACH Konzert Nr. 1 a-Moll BWV 1041 (D. Oistrach) . . . . (*) EP 4996	MOZART, ferner:
– Konzert Nr. 2 E-Dur BWV 1042 (Strub) (*) EP 4593	– Konzert Nr. 5 A-Dur KV 219 (Marteau) (*) EP 2193a
– Konzert g-Moll BWV 1056 (rekonstr. nach dem Cembalokonzert f-Moll) (Schreck/Szigeti) EP 3069a	– Adagio E-Dur KV 261, Rondo B-Dur KV 261a (269), Rondo C-Dur KV 373 (*) EP 3827
– Konzert für 2 Violinen und Streicher d-Moll BWV 1056 (D. Oistrach) . . . . (*) EP 9032	PAGANINI Konzert Nr.1 D-Dur op. 6 (Stross) EP 1991
BEETHOVEN Romanzen G-Dur op. 40, F-Dur op. 50 (I. Oistrach/Fechner) . . . . EP 9171	RODE Konzert Nr. 6 B-Dur (Davisson) . . EP 1095b
– Konzert D-Dur op. 61 mit Kadenzen (Flesch) EP 189	– Konzert Nr. 7 a-Moll (Davisson) . . . . EP 1095c
BÉRIOT Konzert Nr. 1 D-Dur op. 16 . . . EP 2989a	– Konzert Nr. 8 e-Moll (Davisson) . . . . EP 1095d
– Konzert Nr. 7 G-Dur op. 76 . . . . EP 2989c	SAINT-SAËNS Havanaise op. 83 (Thiemann) EP 9292
– Konzert Nr. 9 a-Moll op. 104 . . . . EP 2989d	– Introduktion und Rondo capriccioso op. 28 (Georges Bizet/Thiemann) . . . . EP 9294
BRAHMS Konzert D-Dur op. 77 mit Kadenz vom Hrsg. (Klingler) . . . . EP 3893	SPOHR Konzert Nr.2 d-Moll op. 2 (Davisson) EP 1098a
BRUCH Konzert g-Moll op. 26 (Menuhin) EP 1494a	– Konzert Nr. 7 e-Moll op. 38 (Goethel) . . . EP 8102
CUI Suite concertante op. 25 . . . . Bel 502	– Konzert Nr. 8 a-Moll („Gesangsszene") op. 47 (Davisson) . . . . EP 1098d
GIORNOVICHI Konzert Nr. 4 A-Dur (Lebermann/Feldigl) . . . . EP 5922	SVENDSEN Romanze G-Dur op. 26 (Schuster) EP 9016
GLASUNOW Konzert a-Moll op. 82 . . . . . . Bel 195	TELEMANN Konzert B-Dur TWV 51: B 1 (Hobohm/Bernstein) . . . . EP 9039
HAYDN Konzert C-Dur Hob. VII:a 1 mit Kadenzen (Flesch) . . . . EP 4322	TSCHAIKOWSKY Sérénade mélanchol. op.26 EP 4333
– Konzert G-Dur Hob. VII:a 4* mit Kadenz (Held/Thiemann) . . . . (*) EP 9952	– Konzert D-Dur op. 35 (D. Oistrach/Mostras) EP 3019b
– Konzert A-Dur Hob. VII:a 3 mit Kadenz (Thiemann) . . . . EP 9953	VIEUXTEMPS Konzert Nr. 2 fis-Moll op. 10 EP 2574
J. JOACHIM Kadenzen zu den Konzerten von Beethoven op. 61, Brahms op. 77, Mozart KV 218 und 219, Viotti Nr. 22 . . . . EP 9115	– Konzert Nr. 4 d-Moll op. 31 (Arbós) . . . . . EP 3322
	– Konzert Nr. 5 a-Moll op. 37 (Arbós) . . . . . EP 3323
LALO Konzert F-Dur op. 20 (Herrmann) . . EP 3796	VIOTTI Konzert Nr. 22 a-Moll (Klingler) . EP 1100a
– Symphonie espagnole op. 21 (Menuhin) . . EP 3797a	– Konzert Nr. 23 G-Dur (Davisson) . . . . . . EP 1100b
MENDELSSOHN Konzert d-Moll (Menuhin) EP 6070	VIVALDI Ausgew. Konzerte aus op. 3 „L'estro armonico"
– Konzert e-Moll op. 64 (I. Oistrach) . . . (*) EP 1731	– – Konzert G-Dur op. 3 Nr. 3 RV 310 . (*) EP 9453a
MOZART Konzert Nr. 1 B-Dur KV 207 mit Kadenz (Jacobsen) . . . . EP 2193e	– – Konzert a-Moll op. 3 Nr. 6 RV 356 . (*) EP 3794
– Konzert Nr. 2 D-Dur KV 211 mit Kadenz (Küchler) . . . . EP 2193f	– – Konzert E-Dur op. 3 Nr. 12 RV 265 (*) EP 4379
– Konzert Nr. 3 G-Dur KV 216 mit Kadenz (Flesch) . . . . EP 2193 L	– Konzert G-Dur op. 7/II,2 RV 299 . . . . . . EP 9838a
– – (Ausgabe D. Oistrach) . . . . EP 2193m	– Konzerte op. 8 „Die Jahreszeiten" (Kolneder)
	– – Nr. 1 Frühling RV 269 . . . . (*) EP 9055a
	– – Nr. 2 Sommer RV 315 . . . . (*) EP 9055b
	– – Nr. 3 Herbst RV 293 . . . . (*) EP 9055c
– Konzert Nr. 4 D-Dur KV 218 mit Kadenz (D. Oistrach) . . . . (*) EP 9181	– – Nr. 4 Winter RV 297 . . . . (*) EP 9055d
	– Konzerte ohne Opuszahl:
	– – Konzert B-Dur („Posthorn") RV 363 . . . EP 9139
	– – Konzert d-Moll RV 245 . . . . EP 9058
	– – Konzert d-Moll RV 237 . . . . EP 9463a
	– – Konzert A-Dur („Pisendel") RV 340 . . . . EP 4207
	WIENIAWSKI Konzert Nr. 1 fis-Moll op. 14 EP 5504
	– Konzert Nr. 2 d-Moll op. 22 . . . . EP 3296

(*) zu diesen Ausgaben ist eine CD mit eingespieltem Orchesterpart erhältlich / (*) Music partner CD with recorded orchestral part available

C. F. PETERS · FRANKFURT/M. · LEIPZIG · LONDON · NEW YORK

www.edition-peters.de · www.edition-peters.com

KAMMERMUSIK FÜR STREICHER / CHAMBER MUSIC FOR STRINGS

STREICHTRIO

BEETHOVEN Streichtrios op. 3, 9; Serenaden op. 8, 25 . EP 194
HAYDN Streichtrios D-Dur, A-Dur, C-Dur op. 32
  Hob. XI:74-76 (Sandberger) .... CL 2791
– Trios (»Londoner«) C-Dur, G-Dur, G-Dur für 2 Flöten
  (Violinen) und Violoncello Hob. IV:1-3 (Köhler) ..... EP 4972
J.N. HUMMEL Trios für 2 Violen (Vl., Vla.) u. Violoncello
– Nr. 1 Es-Dur .... EP 4862a
– Nr. 2 G-Dur .... EP 4862b
MOZART Divertimento Es-Dur KV 563 .... EP 1419
REGER Serenade G-Dur für Flöte (Vl.), Violine
  und Viola op. 141a .... EP 3453a
– Streichtrio d-Moll op. 141b .... EP 3453b
SCHUBERT Triosatz B-Dur (D 471) für Violine,
  Viola (Vl. II) und Violoncello .... H 734

STREICHQUARTETT

BEETHOVEN Sämtliche Streichquartette (Joachim/Moser)
– Band I: op. 18/1-6 .... EP 195a
– – in Einzelausgaben .... EP 7114-16
– Band II: op. 59/1-3, 74, 95 .... EP 195b
– Band III: op. 127, 130-133, 135 .... EP 195c
BOCCHERINI 9 ausgewählte Streichquartette (Hofmann)
  op. 6/6, 8/5, 10/2 u. 6, 27/2, 32/2, 33/5 u. 6, 39/1 .. EP 3336
BORODIN Streichquartett Nr. 1 A-Dur .... Bel 224
– Streichquartett Nr. 2 D-Dur .... Bel 225
– Studienpartituren .... Bel 224a/225a
BRAHMS Sämtliche Streichquartette op. 51 u. 67 ... EP 3903
DEBUSSY Streichquartett g-Moll op. 10, Urtext .. EP 9125
– Studienpartitur .... EP 9125a
FRANCK Streichquartett D-Dur .... EP 3746
GLASUNOW Quartette Nr. 1-7 / jeweils auch Studienpartitur
– Nr. 1 D-Dur op. 1 .... Bel 523 / Bel 523a
– Nr. 2 F-Dur op. 10 .... Bel 524 / Bel 524a
– Nr. 3 G-Dur op. 26 (»Quatuor Slave«) .... Bel 227 / Bel 227a
– Nr. 4 a-Moll op. 64 .... Bel 525 / Bel 525a
– Nr. 5 d-Moll op. 70 .... Bel 538 / Bel 538a
– Nr. 6 B-Dur op. 106 .... Bel 539 / Bel 539a
– Nr. 7 C-Dur op. 107 .... Bel 540 / Bel 540a
– 5 Novelletten op. 15 / Stud.-Part. .... Bel 226 / Bel 226a
– Suite für Streichquartett op. 35 .... Bel 228
– – Studienpartitur .... Bel 415
GRIEG Streichquartett g-Moll op. 27 .... EP 2489
HAYDN Streichquartette, 4 Bde. .... EP 289a-d
– »Kaiserquartett« op. 76/3 Hob. III:77 .... EP 288
– Die sieben letzten Worte Jesu op. 51 Hob. XX:1 .. EP 289e
MENDELSSOHN BARTHOLDY Streichquartette, 2 Bde.
– Band I: op. 12, 13, 80, 81 .... EP 1742a
– Band II: op. 44/1-3 .... EP 1742b
MOZART Streichquartette (Moser/Becker), 2 Bde.
– Band I (in Einzelausgaben)
– – KV 387, 421 .... EP 16a
– – KV 428, 458 .... EP 16b
– – KV 464, 465 .... EP 16c
– – KV 499, 575, 589, 590 .... EP 16d

MOZART Streichquartette (Forts.)
– Band II: KV 155-160, 168-173, 285, 298, 370,
  525 (»Kleine Nachtmusik«) .... EP 17
– Serenade »Eine kleine Nachtmusik« KV 525 .... EP 3953
– 3 Divertimenti KV 136-138 .... EP 4266
REGER Streichquartett fis-Moll op. 121 .... EP 3284
SCHUBERT Streichquartette, 2 Bde.
– Band I: a-Moll op. 29 (D 804), Es-Dur op. 125/1 (D 87),
  E-Dur op. 125/2 (D 353), d-Moll (»Der Tod und das
  Mädchen«, D 810) EP168a
– Band II: G-Dur op. 161 (D 887), B-Dur op. 168 (D 112),
  g-Moll (D 173), D-Dur (D 94), Quartettsatz c-Moll
  (D 703) .... EP 168b
– Ouvertüre c-Moll D 8 (Hess) .... EP 8052b
SCHUMANN Streichquartette op. 41/1-3 .... EP 2379
SMETANA Quartett e-Moll (»Aus meinem Leben«) ... EP 2635
TSCHAIKOWSKY Quartett Nr. 1 D-Dur op. 11 ... EP 3172a
– Nr. 2 F-Dur op. 22 .... EP 3172b
– Nr. 3 es-Moll op. 30 .... EP 3172c
VERDI Streichquartett e-Moll .... EP 4255
STREICHQUARTETT über B-LA-F von Borodin,
  Glasunow, Liadow, Rimsky-Korsakow .... Bel 233
LES VENDREDIS Stücke für Streichquartett von Komponisten des »Belaieff-Kreises«: Artcibuscheff, Blumenfeld, Borodin, Glasunow, Kopylow, Liadow, d'Osten-Sacken, Rimsky-Korsakow, Sokolow, Wihtol
– Bände I und II .... Bel 240/241
– – Studienpartituren .... Bel 240a/240b

STREICHQUINTETT / -SEXTETT / -OKTETT

BEETHOVEN Streichquintette op. 4, 29, 104, 137 ... EP 1599
BRAHMS Streichquintett F-Dur op. 88 .... EP 3905a
– Streichquintett G-Dur op. 111 .... EP 3905b
– Quintett h-Moll op. 115 für Klarinette (Vla.), 2 Violinen,
  Viola und Violoncello .... EP 3905c
– Streichsextett Nr. 1 B-Dur op. 18 .... EP 3906a
– Streichsextett Nr. 2 G-Dur op. 36 .... EP 3906b
BRUCKNER Streichquintett F-Dur (Herrmann) ..... EP 3842
GLASUNOW Quintett A-Dur op. 39 für 2 Violinen,
  Viola, 2 Violoncelli .... Bel 229
– Studienpartitur .... Bel 229a
GLIÈRE Oktett für 4 Violinen, 2 Violen, 2 Violoncelli,
  Studienpart. .... Bel 493a
MENDELSSOHN BARTHOLDY Streichquintette
  A-Dur op. 18, B-Dur op. 87 .... EP 1743
– Oktett Es-Dur op. 20 für 4 Violinen, 2 Violen,
  2 Violoncelli .... EP 1782
MOZART Streichquintette, 2 Bde.
– Band I: KV 406, 515, 516, 593, 614 .... EP 18
– Band II: KV 174; KV 46, 407, 581, Anh. 179/226 ... EP 19
REGER Quintett A-Dur op. 146 für Klarinette (Vla.),
  2 Violinen, Viola und Violoncello .... EP 3997
SCHUBERT Quintett C-Dur op. 163 für 2 Violinen,
  Viola, 2 Violoncelli .... EP 775
– Ouvertüre c-Moll D 8 für 2 Violinen, 2 Violen, Violon-
  cello (Hess) .... EP 8052c

Bitte fordern Sie den Katalog der Edition Peters an / For our free sales catalogue please contact your local music dealer

C. F. PETERS · FRANKFURT/M. · LEIPZIG · LONDON · NEW YORK
www.edition-peters.de · www.edition-peters.com